AF338454

NAPOLÉON

DEVANT LA POSTÉRITÉ.

IMPRIMERIE DE J. TASTU,
Rue de Vaugirard, n. 36.

NAPOLÉON
DEVANT LA POSTÉRITÉ,

PAR L. G......

ANCIEN ADMINISTRATEUR DU DÉPARTEMENT
DE LA MARNE.

PRIX : 75 c.

PARIS

CHEZ L'AUTEUR,

RUE DES FOSSÉS-SAINT-GERMAIN-L'AUXERROIS, N. 34,

ET CHEZ TOUS LES LIBRAIRES.

1830

NAPOLÉON

DEVANT LA POSTÉRITÉ.

La nature jette, à de grandes distances, à travers les siècles, des hommes étonnans qui remuent, agitent, et souvent bouleversent le globe. La France, que la révolution la plus extraordinaire était sur le point d'élever au rang des nations libres, vit sortir de son sein un de ces génies ardens dont tous les actes décèlent une ame brûlante et capable des plus grandes choses. Par ses hauts faits d'armes en France, en Italie, en Egypte, il avait porté au plus haut degré la gloire du nom français : à trente ans il s'avançait avec une renommée déjà colossale.

Le levain de la liberté fermentait au milieu de nous : toutes les passions n'attendaient qu'une étincelle électrique pour se déchaîner.

Au lieu de nous resserrer dans les limites sacrées d'une constitution, nous nous étions jetés dans les voies périlleuses du provisoire et de l'arbitraire : un 13 vendémiaire devait appeler un 18 brumaire, et il arriva escorté de canons et de baïonnettes. On viola à Saint-Cloud le sanctuaire des lois ; on renversa la tribune des représentans du peuple français : sur les débris de cette tribune s'éleva le consulat : nos lois étaient violées, foulées aux pieds, mais nous paraissions être entrés dans le plus beau des gouvernemens : la première république du monde nous en offrait le modèle ; nous allions avoir nos Brutus et nos Scipions.

Le général placé au premier degré sur le pavois national, aurait été assez grand s'il se fût contenté d'être le premier consul d'un peuple libre ; si, comme Cincinnatus, à l'expiration du consulat, il eût été, sans ambition, reprendre l'épée du soldat ou la charrue du laboureur. Mais la toge impériale fut offerte par des flatteurs bas et rampans au vainqueur de l'Italie, et le vainqueur de l'Italie descendit de sa gloire en laissant poser sur sa tête la couronne des Césars.

Le voilà, de la batterie qu'il commandait au siége de Toulon, arrivé au faîte des grandeurs humaines : oublions son ambition et ne voyons que ses actes.

D'une main hardie il prend le gouvernail de la France. Jamais souverain ne déploya autant de vigueur et d'habileté : il réorganise toutes les parties ; il en crée de nouvelles : à sa voix, de nouveaux fleuves entr'ouvrent leur sein ; des montagnes s'aplanissent ; le commerce sort de ses ruines ; tous les genres d'industrie s'élèvent au plus haut degré de prospérité : il fait un appel aux sciences, aux arts ; il réunit autour de lui toutes les célébrités ; du sein de son conseil d'Etat, qui était le centre et le foyer des lumières, sort ce Code immortel qui fut respecté même par l'orgueil de la Restauration.

Voulant finir la révolution, il réconcilia Coblentz avec la nouvelle monarchie : il lui importait peu quelle bannière on eût quittée, pourvu qu'on vînt franchement se ranger sous la sienne. Il avait l'art d'attirer à lui tous les talens. Dans les plus hautes dignités de l'État, les jacobins, les feuillans, les girondins, les chefs de la chouannerie ou de l'émigration se trouvaient placés les uns à côté des autres. Il avait une telle confiance dans le talent qu'il possédait de subjuguer, d'entraîner toutes les volontés, qu'il ne balançait pas à s'entourer de ceux que d'autres souverains auraient regardés comme suspects.

Il était arrivé à la tête du gouvernement à la suite de dissensions affreuses : chacun sentait le besoin du repos. Il profita adroitement de cette disposition des esprits pour réunir tous les partis et les fondre dans une seule nuance.

Mais c'était peu pour lui d'être le restaurateur de son pays, d'avoir rappelé les lettres, les sciences, le commerce; d'avoir rétabli la paix, l'union des familles, si long-temps bouleversées par les discordes civiles : il lui faut une gloire plus bruyante; il est, comme Alexandre, travaillé par la maladie des conquêtes; il rêve déjà sa monarchie universelle. Il faut que les Alpes et les Pyrénées, ces bornes que la nature elle-même semble avoir posées, s'abaissent devant lui; il traîne d'un bout de l'Europe à l'autre les plus belles armées qu'elle ait jamais vues. Amsterdam, Berlin, Dresde, Vienne, Madrid, Lisbonne,

Varsovie et Moscou l'ont vu tour à tour : ces fières capitales lui ont toutes ouvert leurs portes.

Un tel conquérant pouvait-il renoncer à la gloire, résister à l'envie d'aller fouler aux pieds la terre des maîtres du monde? Ses aigles, son étendard se sont balancés sur le Capitole, à côté et au-dessus de cette thiare si redoutable, si orgueilleuse, devant laquelle tous les potentats de l'univers ont abaissé leurs sceptres et leurs couronnes.

Ainsi, de la gloire militaire, Napoléon en a obtenu tout ce qu'en peut désirer le conquérant le plus ambitieux; mais c'est cette gloire qui l'a tué : elle lui a donné le goût de cette domination sans bornes qu'avec son bras de fer il a appesantie sur la nation française. Marchant toujours par des routes que personne n'avait encore frayées, il nous mena au despotisme par le chemin de la gloire et sous des arcs de triomphe : une forêt de lauriers ombrageait et masquait à nos regards les chaines dorées qu'il faisait peser sur nous.

Sont enfin arrivés les jours de l'adversité. Il rencontra au fond du Nord un ennemi qu'il n'avait pas compté et avec lequel on ne compose pas. Cet ennemi, poussé par les vents glacés de la Newa, vint tout-à-coup fondre sur son armée, et, sans que les braves puissent opposer la moindre résistance, son souffle destructeur fait tomber plus de soldats que cent bronzes vomissant la mort pendant quarante-huit heures n'auraient pu en renverser. Il semble que dans cette circonstance le ciel ait voulu prouver qu'il n'y avait que la nature qui pût vaincre Napoléon.

Il était parti comme en triomphe et sur les ailes de la Victoire, qui, pour la dernière fois, se plut encore à le couronner sur le champ de bataille de la Moscowa : il revient à la lueur du Kremlin en feu, morne et silencieux, à travers cent lieues de déserts jonchés des corps encore palpitans des soldats de cette belle armée fondue sous la zône glaciale. Il arrive..... mais il ne la retrouve plus, cette nation vaillante et généreuse qui, à l'aurore de sa liberté, avait, pour la conquérir, manifesté tant d'héroïsme, et qui, affaiblie par la perte de plus de deux millions de ses enfans immolés dans des guerres d'ambition, n'était plus disposée à prodiguer le sang de ses générations épuisées pour soutenir un despotisme toujours croissant.

Napoléon a éprouvé le sort de tous les conquérans qui n'ont de confiance que dans des armées nombreuses et bien disciplinées, et qui, dévorés par la soif de la gloire, ne calculent pas qu'il n'y a que l'amour de la patrie, l'amour de la liberté, qui produit des armées invincibles.

Si la France n'eût pas été courbée sous un joug de fer, pensez-vous que les phalanges des armées alliées, toutes nombreuses qu'elles étaient, seraient jamais parvenues à arriver sous les murs de sa capitale? On se bat, on vole à la mort avec enthousiasme pour défendre la liberté de son pays; mais pour soutenir un trône qui vous opprime et vous écrase, il n'y a que des soldats automates qui vont se faire tuer.

Toute la force de Napoléon était donc dans son armée, tandis qu'elle aurait dû exister dans l'amour, dans l'énergie de la nation qu'il tenait asservie.

Comme pour insulter davantage à sa servitude, il avait pris soin de conserver toutes les formes, toutes les institutions d'un gouvernement libre : il eut des tribuns, il eut un sénat, un corps législatif. Le tribunat voulut manifester des idées libérales, grandes, généreuses : il fut brisé.

Le sénat, oubliant le but de sa naissance et sa dignité, se laissa gorger d'or et de places ; et au lieu d'être ce pouvoir éclairé, bienfaisant, établi pour balancer et contenir dans les bornes l'autorité impériale qui ne tendait qu'à s'étendre et devenir tout-à-fait indépendante, on aurait dit qu'il voulait favoriser et enhardir l'ambition effrénée du chef de l'État en l'aidant à pressurer la France, et lui offrant avec autant de légèreté les sueurs et le sang du peuple.

Sénateurs, l'élite de la nation française, comment avez-vous pu laisser avilir à ce point la plus belle des institutions? C'est à vous, signataires de ces sénatus-consultes servilement prodigues d'hommes et d'argent, qu'on devrait demander compte de ces millions d'or, de ces millions de soldats, qui ont été s'engloutir sur la terre étrangère. Si vous aviez montré quelque dévouement, quelque énergie pour arrêter dans sa fougue militaire ce jeune conquérant que la gloire a ébloui, vous auriez peut-être empêché cette secousse, cet ébranlement de l'Europe, qui a entraîné à sa suite tant de désastres : l'histoire, au lieu de vous montrer à la postérité comme les complaisans adulateurs, les lâches courtisans du pouvoir, vous aurait, dans ses pages honorables, offerts à l'univers comme les sauveurs de la patrie, ainsi qu'elle offre encore aujourd'hui, après tant de siècles, à notre admiration, ces sénateurs romains qui, dans Rome assiégée et prise par les Gaulois, leur imposaient même après la défaite, en se présentant fièrement à leurs regards assis sur leurs chaises curules.

Le corps législatif, qui devait être une barrière impénétrable contre toute espèce d'envahissement, opposait encore moins de résistance : son origine, qu'il tirait du sénat dont il était l'élu, pouvait difficilement faire espérer qu'il montrerait plus de courage, plus de dévouement. Les *muets* d'ailleurs ont tant de peine à se faire entendre, qu'il n'est pas étonnant que leurs remontrances ne soient pas parvenues jusqu'à celui qui leur avait ôté la parole.

Si Napoléon eût toujours été heureux et vainqueur, à peine quelque écrivain courageux aurait-il osé paraître dans la lice pour lui reprocher ses inclinations, son humeur trop belliqueuse; car il a été grand et extraordinaire jusque dans sa chute : mais il est tombé....... et soudain tous ses actes arbitraires se sont présentés et ont ressorti dans tout leur jour.

Ainsi l'inflexible histoire dira que, par une de ces mesures iniques qui sentent le tyran, il avait, sur une terre étrangère où l'hospitalité est garantie par le droit des gens, fait enlever à son domicile et ramener dans le donjon de Vincennes un descendant des Bourbons, un Condé, qui pouvait être attaqué avec honneur sur un champ de bataille, mais que la loyauté française défendait d'immoler sans défense au glaive de la proscription.

Elle dira que Napoléon, qui mettait à toutes ses actions un type presque surnaturel de grandeur, et qui savait au besoin intéresser le ciel et la terre dans tout ce qu'il faisait, eut, dirons-nous la pensée, dirons-nous l'orgueil, de vouloir que le Pontife qui règne au Vatican vînt, des bords du Tibre sur ceux de la Seine, poser sur sa tête la couronne de Charlemagne; mais que le successeur de Charlemagne, sans reconnaissance pour le Pontife complaisant qui vint ratifier, au nom du ciel, son élévation, ne rougit pas d'aller, à force armée, quelques années après, s'installer à ce même Vatican, et y proclamer son fils roi de Rome, en retenant prisonnier à Fontainebleau le Pontife détrôné, sous les lois duquel le Tibre coulait depuis tant de siècles.

Elle dira que son humeur belliqueuse lui ayant fait franchir les Pyrénées, il voulait subjuguer l'Espagne; que déjà il avait fait asseoir son frère Joseph sur le trône de Madrid. Jusque-là le conquérant seul avait agi : il avait fait, par le trop bizarre droit de la guerre, ce que tant d'autres guerriers avaient fait avant lui. Mais il avait attiré en France le Bourbon maître de la couronne d'Espagne; il l'y retint prisonnier sous des prétextes qu'il serait bien difficile de légitimer. Ici le héros disparaît, et ne laisse apercevoir que le tyran hardi qui use de sa force, et qui donne aux rois de l'Europe un exemple bien dangereux qu'ils ont cruellement rétorqué contre lui, en le retenant plus tard prisonnier à l'île d'Elbe et à Sainte-Hélène.

Elle dira encore que, par une de ces contradictions bizarres qu'offre l'esprit humain, le protecteur des arts, des sciences et de tout ce qui est grand, était l'ennemi de la liberté de la presse : il aimait le beau et il l'empêchait de naître. Qui pourra croire que le gouvernement de Napoléon ait eu ce point de ressemblance avec celui des Villèle et des Corbière ! Comme eux il avait lancé sur les journaux, sur l'art dramatique, sur la littérature, une nuée de censeurs qui ont arrêté l'élan des écrivains, et n'ont pas même craint de mutiler les chefs-d'œuvre des grands maîtres. Il n'y a cependant que la médiocrité et l'ignorance qui puissent être ennemies de la presse.

Elle dira surtout qu'après environ un an de captivité à l'île d'Elbe, il sentit de nouveau sa grande ame s'échauffer par le projet hardi d'une descente dans l'ancien empire témoin de sa gloire ; qu'il effectua son débarquement avec ce bonheur qui l'avait tant de fois favorisé ; qu'il arriva jusqu'à sa capitale en triomphe et comme élevé sur les baïonnettes de ses anciens soldats. Il se voyait de nouveau au sein et à la tête d'une nation dont il avait eu le temps, dans son île étroite, de connaître, d'apprécier le caractère grand, magnanime, digne d'un meilleur sort.

Cette nation généreuse, qui le croit guéri de son ambition, lui tend les bras; elle prodigue de nouveau pour lui ses trésors et ses soldats. Vous pensez sans doute qu'il va lui donner en retour une entière émancipation, une constitution qui garantisse enfin ses droits et sa liberté : non, et la postérité aura peine à croire une telle ingratitude. On lui arrache, comme malgré lui, quelques articles additionnels à une Charte au-dessus de laquelle il s'était déjà trop habitué à placer sa volonté. Aussi, il faut bien le dire, au moment du danger il trouva dans son armée l'intrépidité, l'héroïsme, qui sont comme l'élément du soldat français ; mais dans son désastre il a vu calme, froide, silencieuse, cette nation si bouillante, si capable d'enthousiasme, si héroïque dans les dangers; et pourquoi? parce qu'il ne lui a pas parlé le langage qu'elle était digne d'entendre.

Le voilà donc ce héros si étonnant, obligé aussi, pour la seconde fois, de reprendre le chemin de l'exil ! Le voilà resserré et comme enseveli au milieu des rochers les plus déserts et les plus arides de l'Océan ! Le voilà relegué, repoussé par tous les rois de l'Europe, au vaste sein des mers, le plus loin possible du continent !

Dans le silence de cette solitude profonde, comment une imagination aussi ardente, aussi impétueuse, a-t-elle pu se comprimer, si le philosophe fort et courageux n'est pas venu au secours du souverain malheureux ? Que de réflexions philosophiques, en effet, a dû lui inspirer une semblable position, s'il a voulu l'envisager de sang-froid, dépouillée de toutes les illusions, de tous les prestiges de la gloire ! Napoléon, comme César, a fait ses commentaires ; mais a-t-il été sincère ? a-t-il reconnu ses erreurs ? La plus belle page de son histoire n'est pas, selon moi, celle de ses batailles, et cependant elle sera lue avec avidité, elle sera dévorée : cette page, s'il l'eût tracée fidèlement, en la lisant, il aurait reculé d'effroi.

S'il pouvait exister un cadre assez vaste pour dérouler aux yeux les cent champs de bataille sur lesquels il a donné le signal de la destruction ; si l'on voyait entassés les uns sur les autres les corps de tous les braves qui y succombèrent de part et d'autre, le ciel, qui serait presque atteint par la cime de cette montagne de cadavres, en serait aussi épouvanté que la terre.

A ce tableau rembruni vous allez me considérer comme un ennemi de la gloire militaire. Rien n'excite davantage mon enthousiasme, rien n'est plus grand à mes yeux qu'une armée qui, sur le sol de la patrie, repousse l'agression, défend son territoire, ses droits, sa liberté.

Mais je me suis laissé entraîner loin de Napoléon, que j'ai laissé dans l'île Sainte-Hélène; ses ennemis ont cru enterrer là sa gloire et son nom : son infortune au contraire le rendra plus intéressant. S'il n'eût été que détrôné, il aurait grossi la foule de tant de souverains qui ont été précipités de leur trône; il n'aurait inspiré qu'un intérêt ordinaire; mais on l'a privé du premier de tous les biens, de la liberté; on en a fait le prisonnier de l'Europe; on lui a donné pour gardes des geôliers chargés de compter, de mesurer ses pas.

Rois de la Sainte-Alliance, dans quel Code

avez-vous puisé le droit de disposer ainsi de la liberté d'un souverain ? Je ne sais si vous auriez eu le pouvoir de lui fixer un exil, mais à coup sûr vous n'avez pu lui donner une prison. Je ne vous accuserai pas de l'odieux projet d'abreuver de tant de dégoûts, d'humiliations, cette ame fière et hautaine, qu'elle ne puisse enfin survivre à l'opprobre. Cette outrageante persécution contre un héros dont la gloire et la réputation sont vraiment européennes, a encore augmenté le bruit des trompettes de la Renommée ; leur écho a retenti sur tous les continens et sur toutes les mers, et c'est cette lâche vengeance autant que ses hauts faits qui lui ont acquis cette célébrité que le burin de l'histoire transmettra à la postérité étonnée.

Je ne puis laisser échapper cette occasion de vous rappeler la manière peu généreuse avec laquelle vous avez traité la France, qui méritait d'être rabaissée, mais non humiliée. Pour négocier avec vous, elle se présentait avec des conquêtes immenses : on devait, parmi ces conquêtes, distinguer celles du droit de défense d'avec celles de l'ambition. La Belgique et les départemens du Rhin, que

nous ne devions pas aux armes de Napoléon,
étaient, par une possession de quinze à vingt
ans, devenus français. Ce n'était pas la France,
c'était Napoléon que vous vouliez punir. Eh
bien! il fallait, de la Hollande à l'Espagne,
ressaisir tous les pays que son ambition avait
ajoutés au sol français. Cette restitution était
juste, politique; elle devait suffire à votre
exigence; mais pouviez-vous aller au-delà
sans blesser toutes les convenances? Quoi!
vous resserrez la France dans ses anciennes
limites, et vous vous partagez la Pologne,
vous augmentez vos possessions en Italie, sur
les bords du Rhin? Le *statu quo* tel qu'il
était à la naissance de la révolution n'a pu,
sans la plus criante injustice, être imposé à
la France seule, c'est-à-dire à la nation qui,
par sa force territoriale, industrielle et militaire, avait le plus de droit d'entrer en partage dans les conquêtes.

Mais pourra-t-on même dire que vous avez
laissé la France ancienne telle qu'elle était?
Non; comme si vous aviez voulu l'humilier
encore davantage, vous l'avez entamée, mu-
tilée; vous n'avez pas eu honte de lui disputer,
de lui arracher sur l'endroit le plus faible de

sa frontière, deux forteresses qui l'auraient sans doute rendue trop formidable! Nous ne sommes donc plus réellement dans le *statu quo* du commencement de la révolution; nous y sommes d'autant moins, que les plus belles de nos colonies se trouvent encore aujourd'hui détachées de notre sol.

A la rédaction de ce traité fait entre toutes les puissances, et qui a été si humiliant pour la France, qui soutenait, qui défendait nos droits? Des princes qui arrivaient d'un exil de vingt-cinq ans, et à qui la France morcelée paraissait encore assez belle.

Il existe une haute raison, une équité sévère qui est au-dessus de tous les traités, qui les juge et les réforme tôt ou tard, quand ils ne sont pas basés sur le droit et la justice.

Une nation blessée injustement s'en souvient souvent au bout d'un siècle. J'ai l'orgueil de croire que la nation française est trop grande pour songer à la vengeance : elle vient de le prouver, en se contentant d'admirer la valeur des Belges; elle est encore assez forte pour soutenir son rang et son indépendance.

Je crois avoir fait suffisamment ressortir les grandes qualités comme les grands défauts de Napoléon ; et j'ai apporté d'autant plus de soin à être vrai dans l'esquisse de ce tableau, qu'en ce moment il existe au milieu de nous, pour ce héros dont la fin malheureuse offre le roman le plus tragique, une espèce d'enthousiasme et d'engouement qui ne sont peut-être pas assez éclairés. Je suis loin de le croire dangereux, cet enthousiasme, en présence d'un prince sage, libéral, sans ambition, dont les antécédens autant que sa conduite actuelle nous présentent un avenir plein de garanties.

Rempli de ces idées agréables de stabilité et de bonheur sous un roi constitutionnel, je me demande à moi-même : faut-il féliciter les nations d'avoir à leur tête des conquérans ? le bonheur marche-t-il toujours à la suite de la gloire ? Le bonheur est bien plutôt le patrimoine et le partage des peuples à qui une liberté sage sert de rempart contre toutes les ambitions.

J'ai bien dit jusqu'à présent ce qu'a fait Napoléon ; disons maintenant ce qu'il aurait dû faire. Au lieu d'ambitionner la gloire de se former un empire gigantesque, il fallait le resserrer dans les bornes que la nature semble avoir indiquées. D'un côté la mer et le Rhin, de l'autre les Alpes et les Pyrénées, présentaient des limites assez respectables. Nous avions une armée formidable en état de défendre ce vaste et beau territoire : pourquoi aller chercher si loin la gloire, l'éclat, les triomphes ? La riche et magnifique ceinture de la France, bordée par deux mers, offrait à notre industrie des routes immenses qui, sans avoir besoin d'aucun entretien, aboutissaient au bout du monde connu. Il fallait couvrir cette route de nombreux vaisseaux : ces villes flottantes, qui sont le plus riche ornement des peuples livrés au commerce, auraient exporté le produit de nos fabriques, de nos arts, et nous auraient rapporté en échange les denrées coloniales aujourd'hui de première nécessité pour nous, que l'Angleterre, notre rivale, nous a fournies pendant tant d'années à notre détriment.

Cette nouvelle Carthage, qui se riait orgueilleusement de la tentative de débarquement sur ses côtes dont Napoléon l'avait menacée avec ses bateaux plats, eût tremblé au fond de son île, s'il avait été en mesure d'appuyer ces bâtimens légers par une flotte nombreuse et redoutable.

Si elle avait existé, cette flotte, la belle armée qui, sous les ordres du général Leclerc, traversa l'Océan au milieu de tant de dangers et parvint, par un prodige inouï, à se jeter dans l'île Saint-Domingue qu'elle venait rendre à la mère-patrie, n'y aurait pas, ainsi que son général, trouvé son tombeau. Ainsi la nécessité d'une marine pour la France est écrite en lettres de sang à l'ancien Cap Français.

Les trésors du commerce fructifient, tandis que les monceaux d'or, les contributions immenses qu'il avait imposées à la Prusse, à l'Autriche, à la Russie, ont été se perdre et s'engloutir dans des champs de bataille, dans des flots de sang.

Voyez l'Amérique du nord, dont la révolution a précédé et presque touché la nôtre : au lieu d'être guerrière, elle a été commerçante, et en quarante ans elle a quadruplé sa population. Elle a couvert son sol de riches habitations, de villes magnifiques ; son pavillon respecté vogue sur toutes les mers, et le nom de Washington ira peut-être plus loin à la postérité que celui des conquérans, des dévastateurs du globe.

Les leçons de l'histoire ne seront pas toujours perdues pour le bonheur de l'espèce humaine; nous en concevons le doux espoir par la confiance que nous inspire le caractère noble, magnanime et vraiment français du Prince appelé, par son beau dévouement plus encore que par sa naissance, à faire oublier à la France ce qu'elle a souffert pendant les quarante ans de sa révolution, qui a enfin été close et terminée le 30 juillet 1830.

C'est une ère toute nouvelle qui s'ouvre pour nous. Je ne vois plus rien qui puisse en arrêter la marche victorieuse. La cour et la nation avaient chacune sa bannière : il n'y en a plus qu'une aujourd'hui, sous laquelle nous sommes tous ralliés. On voulait que l'Etat fût dans l'Eglise; eh bien ! aujourd'hui l'Eglise est dans l'Etat ; elle y est soumise aux lois, tolérante, uniquement occupée des augustes fonctions de son ministère. Aujourd'hui nous avons enfin une boussole sûre avec laquelle nous ne pouvons nous égarer : c'est la Charte qui, comme on l'a si bien dit, désormais doit être une vérité.

N'oublions pas, Napoléon vient de nous en donner la preuve, que, si habile pilote que l'on soit, sans boussole on court infailliblement à sa perte.

FIN.